1 「わ」と かく 「は」 ①

1 □に 「は」を かいてから、文を こえに 出して よみましょう。（10てん2）

(1)  ぼく [は] 「一年生です。」

(3) 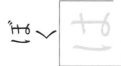 せみ [は] 虫だ。

(2)  わたし [　] あねです。

(3) せみ [　] 虫だ。

(4)  はと [　] とりだ。

わ と かき、「し」と かきます。

「ぼくは」、「せみは」のように、ことばの あとに つくよ。

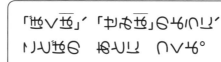

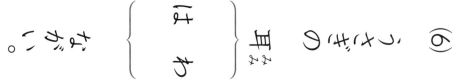

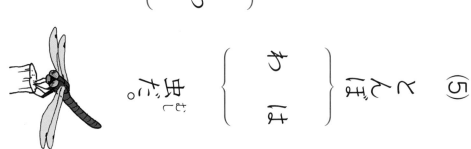

2 正しい ほうを、◯で かこみましょう。

（ぜんぶ できて 5てん）

(1) ぼく 〔 は / わ 〕 一年生です。

(2) あね 〔 は / わ 〕 中学生です。

(3) おとうと 〔 は / わ 〕 手が 小さい。

(4) たに 〔 は / わ 〕 さかなだ。

(5) とんぼ 〔 は / わ 〕 虫だ。

(6) うさぎ の 耳 〔 は / わ 〕 ながい。

2

てん

がつ　にち

1 ―の かなづかいが 正しい ものに ○を つけましょう。

(1つ5 20てん)

(1)
(○) ぼくは 一年生です。
( ) ぼくわ 小学生です。
( ) ぼくわ おとうとです。

(2)
( ) わたしわ はしる。
( ) わたしわ あそぶ。
( ) わたしは うたう。

(3)
( ) せみわ 虫だ。
( ) はとは とりだ。
( ) たいわ さかなだ。

(4)
( ) ぞうの はなわ ながい。
( ) うさぎの 目わ 赤い。
( ) 赤ちゃんの 手は 小さい。

③

□に「わ」を かいてから、文を 二かい よみましょう。（ちゅう ①てん）

（１）に［わ］を そうじ を します。

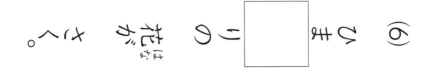

（２）［わ］たし は はなし を する。

（３）［わ］た あめ を たべる。

（４）でん［わ］を かける。

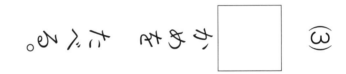

（５）か［わ］で さかな が およぐ。

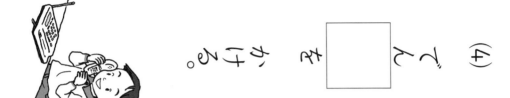

（６）ひま［わ］り の 花が さく。

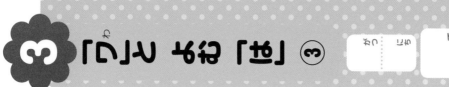

3

1 ──の かなづかいが まちがって いる ものに、×を つけましょう。 (ひとつ 5てん)

(1)
- (　) わたしが うたう。
- (　) にわで あそぶ。
- (×) ぼくわ はしる。

(2)
- (　) わにが 水口（みずぐち）を あける。
- (　) かわの 水（みず）が ながれる。
- (　) あの 花（はな）わ すみれだ。

(3)
- (　) うまわを こかして おく。
- (　) わゴムを かるく はじく。
- (　) 赤（あか）ちゃんの 手（て）わ かわいい。

(4)
- (　) わかめの スープを のむ。
- (　) ぼくの あにわ 五年生（ごねんせい）です。
- (　) きれいな ゆびわを 見（み）る。

5

2 □に、「わ」か「は」を かきましょう。(れい ○てん)

(1) に□に □に とりが いる。

(2) に□に 水（みず）が に□に いる。

(3) ほ□く 大（おお）きいので □い。

(4) た□し、□を たたいて いた。

(5) 子犬（こいぬ）が □□くて、□□くた□した。

(6) き□、川（かわ）まで つ□い。

6

4 「わ」と 「は」 ①

1 □に 「を」を かいてから、文を ノートに 出して よみましょう。 （1もん 10てん）

(1)
本 □ を よむ。

わね と すると、「を」と かきます。

(2)
パン 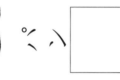 □ を たべる。

7

(3)
かお □ を あらう。

(4)
ぼくが ボール □ を ける。
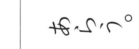

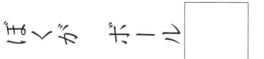
「本を」、「パンを」の ように、 ことばの あとに つきます。

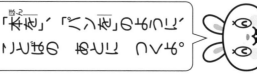

2 正しい ほうを、〇で かこみましょう。
（じょし②）

(1) 本を ｛を／お｝ よむ。

(2) パン ｛を／お｝ たべる。

(3) まど ｛お／を｝ あける。

(4) ごみ ｛お／を｝ ひろう。

(5) ぼくは ボール ｛お／を｝ なげる。

(6) わたしは て ｛を／お｝ あらう。

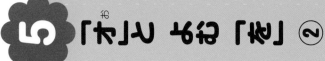

5 「お」と「を」②

1 —の かなづかいが 正<ruby>ただ</ruby>しい ものに、○を つけましょう。
（ひとつ ５てん）

(1)
- （　） 本<ruby>ほん</ruby>を よむ。
- （　） 本<ruby>ほん</ruby>お かう。
- （　） 本<ruby>ほん</ruby>お もつ。

(2)
- （　） パンお たべる。
- （　） バナナお たべる。
- （　） ケーキを たべる。

(3)
- （　） いもうとは うたを うたう。
- （　） わたしは ごみお ひろう。
- （　） おかあさんは 草<ruby>くさ</ruby>お とる。

(4)
- （　） おとうとは ミルクお のむ。
- （　） ぼくは かおおお あらう。
- （　） おとうさんは 手<ruby>て</ruby>を だたく。

9

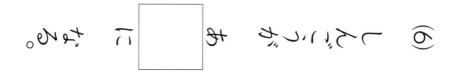

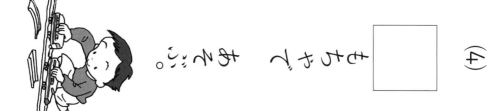

2 □に 「ば」を かいてから、文を よんで みましょう。（てんを うつ）

(1) ［さ］こうていは すべる。

(2) □かん を たべる。

(3) □こりが とける。

(4) おもちゃ □てんき あぶない。

(5) し□と こうじょうが かける。

(6) てんどうが □に なる。

10

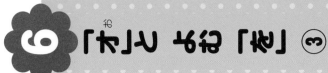

6 「お」と「を」③

1 ―の かなづかいが まちがって いる ものに、×を つけましょう。　(一つ 5てん)

(1)
( ) もけいを つくる。
( ) おめんを かう。
( ) りんごお たべる。

(2)
( ) カーテンを あける。
( ) おうさまが はなしを する。
( ) おやつお もらう。

(3)
( ) みせの まえを とおる。
( ) をかしが 入(はい)った はこ。
( ) かおと 手(て)を あらう。

(4)
( ) おにごっこお して あそぶ。
( ) 小(ちい)さい こおりを かじる。
( ) あおしんごうで わたる。

11

2 □に、「わ」「お」「を」か、「え」「へ」を かきましょう。

(1) さ□ こえは 水(みず)□ のむ。

(2) □に ここいて あ□を。

(3) あ□ぞら□ 見上(みあ)げる。

(4) コップに こ□り□ 入れる。

(5) かしの はこ□ あける。

(6) おきて、か□を あらう。

1 □に 「く」を かいてから、文を こえに 出して よみましょう。

（ぜんぶ できて 1つ5てん）

(1)  学校　□　いく。

かく ときは、「エ」と かきます。

(2) こうえん　□　いく。

(3) とおく　□　なげる。

(4) よっちえん　□　むかう。

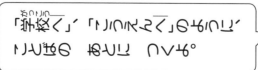
「学校く」、「こうえんく」のように、
ことばの まいごに つくよ。

13

2 正（ただ）しい ほうを ○で かこみましょう。

(1) いっえん ｛（○へ）／え｝ いく。

(2) デパート ｛へ／え｝ いく。

(3) バスは えき ｛え／へ｝ …だから。

(4) こえを すこし、｛え／へ｝して こえは…。

(5) わたしは 学校（がっこう） ｛え／へ｝ いく。

(6) ぼへやは 花（はな） ｛へ／え｝ いく。

「え」と ねつ「く」②

1 ──の かなづかいが 正しい ものに
○を つけましょう。

(一つ 10てん)

(1)
(）山え いく。
(）町え いく。
(）うみへ いく。

(2)
(）にわえ いく。
(）学校え いく。
(）とおくえ いく。

(3)
(）本を くやえ はこぶ。
(）えきまえの みせへ いく。
(）ともだちの いえへ いく。

(4)
(）いすを うしろえ はこぶ。
(）ボールを むこうえ ける。
(）おとうさんと えきへ いく。

2

□に「え」を かいて、ぶんを つくりましょう。

（１もん ５てん）

(1) □んぴつで かく。

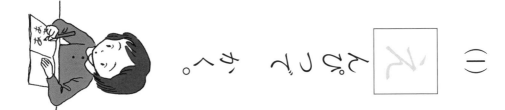

(2) こう□んで あそぶ。

(3) □いがを 見る。

(4) い□で るすばんを する。

(5) □きへ ロケットで いく。

(6) つく□に ノートを かく。

16

9 「エ」と「く」③

1　――の　かなづかいが　まちがって　いる
ものに、×を　つけましょう。　（ぜんぶ　ひとつ）

(1)
{ 　（　　）みせへ　いく。
　（　　）かだんえ　いく。
　（　　）校（こう）もんへ　いく。

(2)
{ 　（　　）中（なか）に　わへ　いく。
　（　　）げんかんえ　いく。
　（　　）つくえを　はこぶ。

(3)
{ 　（　　）ともだちと　プールえ　いく。
　（　　）たくたので　おかしが　へる。
　（　　）いもうとと　こおで　あそぶ。

(4)
{ 　（　　）おにいさんが　いえに　かえる。
　（　　）おもしろい　えいがを　見（み）る。
　（　　）おねえさんと　学校（がっこう）え　いく。

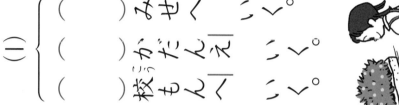

2 「に」、「え」か、「へ」を □にかきましょう。
（ちゅう 5てん）

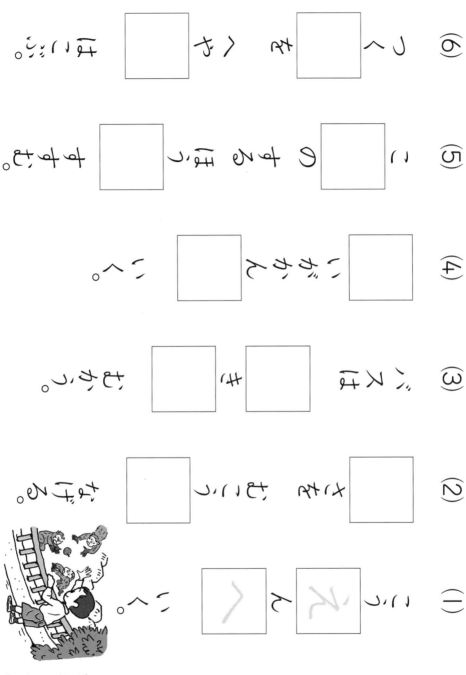

(1) こう□ん□ へいく。

(2) おか□さん□ にいさん□ なん。

(3) バスは □□き □ さか□。

(4) □ がっこ□ い □ へいく。

(5) い□の する ほう □ すだ。

(6) へし□を くて□ は□。

10 「は」「を」「へ」①

1 □に 「は」「を」「へ」を　かんがえて　から、
文を　こえに　出して　よみましょう。

（一つ2もじ せいかい 10てん）

(1) ぼく 学校  いく。

(2) おとうと 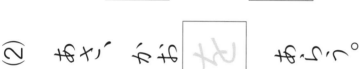 かお 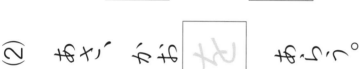 あらう。

19

2 ―の かなづかいが 正しい 文を 三つ
えらんで ○を つけましょう。　（ひとつ 10てん）

ア（　）ぼくは おとうとと あそぶ。

イ（　）ぼくわ へやじに おまる。

ウ（　）あにと 学校え いく。

エ（　）あねと こうえんへ いく。

オ（　）かえったら 手お あらう。

カ（　）ねる まえに はを みがく。

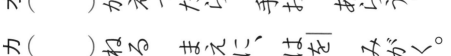

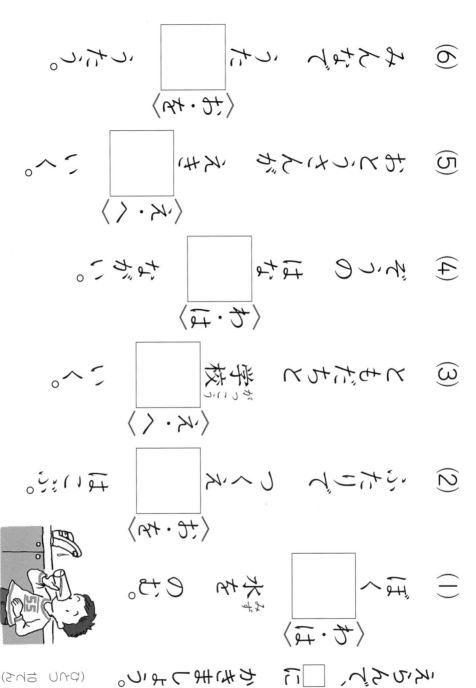

3 えらんで、□に 正しい字を〈 〉から かきましょう。 (5てん 6つ)

(1) ぼく □〈は・わ〉 水を のむ。

(2) だいて □〈お・を〉 へや に はいる。

(3) ともだちと 学校 □〈え・へ〉 いく。

(4) ぎつ の はな □〈は・わ〉 ながい。

(5) おとうさんが えき □〈え・へ〉 いく。

(6) みんなで □〈お・を〉 さそった。

「は」「を」「へ」 ②

1　―の 字は、かなづかいを まちがって います。正しい 字に かきなおしましょう。

（一つ 8てん）

（れい）（ は ）

(1) ぼく わ サッカーが すきだ。

（　　）

(2) わたし わ 花が すきです。

（　　）

(3) おとうとが パン お たべる。

（　　）

(4) ともだちと こうえん え いく。

（　　）

(5) ろうかの ごみ お ひろう。

2

右がわに　まちがって　かいてある　字を一字　正しい字に　かえましょう。

〈れい〉　ぼくは　ほんを　みがく。
　　　　　わたしは　ほんを　よむ。

(1)　わたしは
　　　ほんを
　　　よんで
　　　います。

(2)　おとうさんは
　　　おかねを
　　　だいじに
　　　します。

(3)　こもりは
　　　とっても
　　　かわいくて
　　　いたずらを
　　　します。

(4)　いえで
　　　テスターを
　　　つかう。

(5)　ぶたが
　　　ねて
　　　いて
　　　こいぬも
　　　います。

(6)　きのう
　　　わたしと
　　　ともだちと
　　　あそんだ。

が つ　に ち　てん

1 かなづかいの 正しい 字を、〈 〉から
えらんで、□に かきましょう。　(1つ 4てん)

(1) ぼく □〈わ・は〉　ぶん □〈お・を〉　だす。

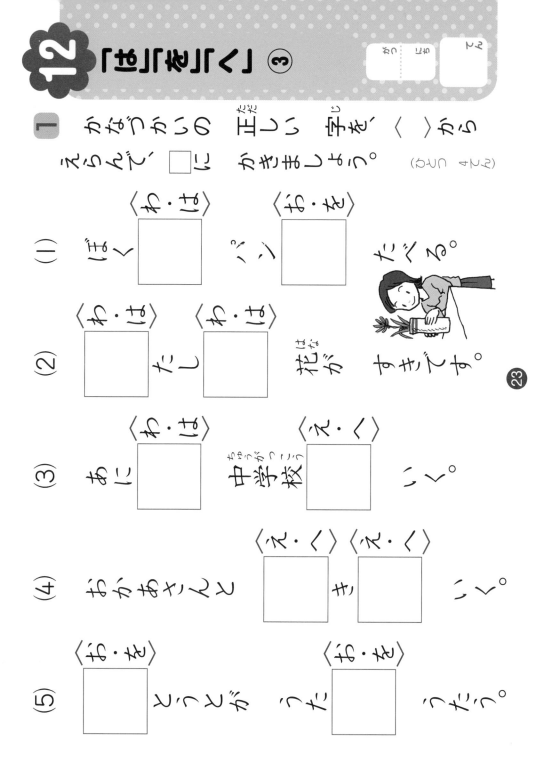

(2) □〈わ・は〉たし □〈わ・は〉　花が すきです。

(3) あに □〈わ・は〉　中学校 □〈え・へ〉　いく。

(4) おかあさんと □〈え・へ〉き □〈え・へ〉　いく。

(5) □〈お・を〉とうとが　うた □〈お・を〉　うたう。

23

右がまちがっている字に一字を
わたしは正しい字に
わたしは正しい字を
手でかきましょう。
（ぶん　５しつ）

〈れい〉
わたしは　学校（がっこう）へ　いった。

（１）
ぼ、
わたしわ
うたお
うたう。

（２）
わたしが
学校（がっこう）へ
いった。

（３）
ボールお
とおへ
なげる。

（４）
男（おとこ）の子（こ）わ
ぼうしお
かぶる。

（５）
きょうわ
チューリップお
うえた。

（６）
きのうわ
ゲームお
して
あそんだ。

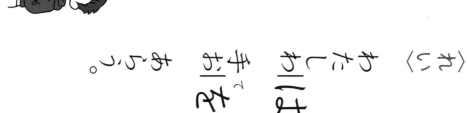

13 「は」「を」「へ」④

がつ　にち

てん

1 つぎの 文を 正しい かなづかいで かきましょう。　(1もん 10てん)

〈れい〉 ぼくわ 手を ふく。
　　　（ぼくは 手を ふく。）

(1) ぼくわ ボールを なげる。

（　　　　　　　　　　）

(2) わたしは 花お うえる。

（　　　　　　　　　　）

(3) ぼくは ひろばえ いく。

（　　　　　　　　　　）

(4) あの 本わ おもしろい。

（　　　　　　　　　　）

2 つぎの 文（ぶん）を 正（ただ）しい かなづかいで かきましょう。

（5てん ひとつ5）

〈れい〉 ぼくわ、わたしお、ほんお よんだ。
（ぼくは、わたしを、ほんを よんだ。）

(1) わたしわ おおきな 花（はな）を つむ。

（ ）

(2) こんばんわ いい てんきです。

（ ）

(3) ぼくわ おとうさんと おきた。

（ ）

(4) かなお もって、えきへ いく。

（ ）

26

1 えに あう 文を つくりましょう。

(1もん 10てん)

「だれは」、「なには」に あたる ことばを かこう。

(1) ぼく
〔 (ぼく は) ボールを ける。〕

(2) わたし
〔 (わたし は) 本を よむ。〕

(3) 耳→
〔 うさぎの ( ) ながい。〕

(4) 花
〔 あの (花) あさがおだ。〕

27

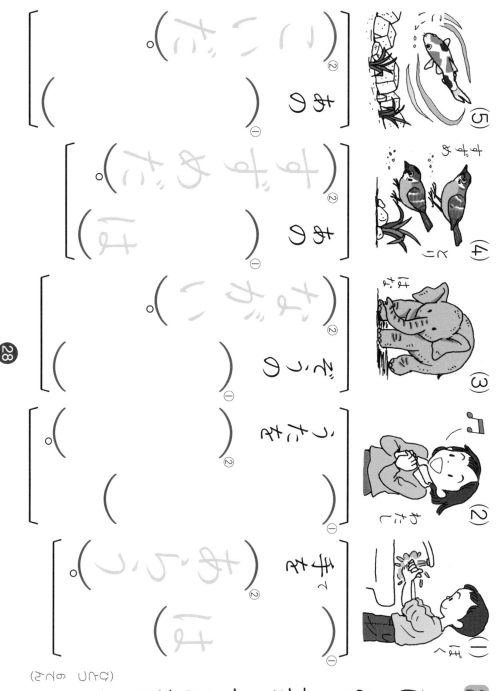

2 えに あう 文を つくりましょう。

15 文（ぶん）づくり ②

てん　にち　がつ

1 えに あう 文を つくりましょう。

（一つ 10てん）

(1)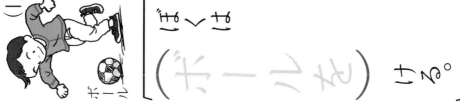
ぼくは
（ボールを）ける。

(2)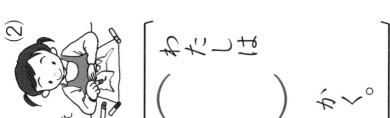
わたしは
（　　　　）かく。

(3)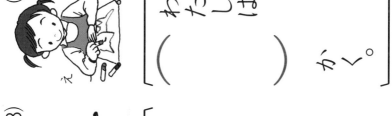
いもうとは
（　　　　）だく。

(4)
おねえさんは
（　　　　）よぶ。

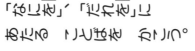
「なにを」、「だれを」に
あたる ことばを かこう。

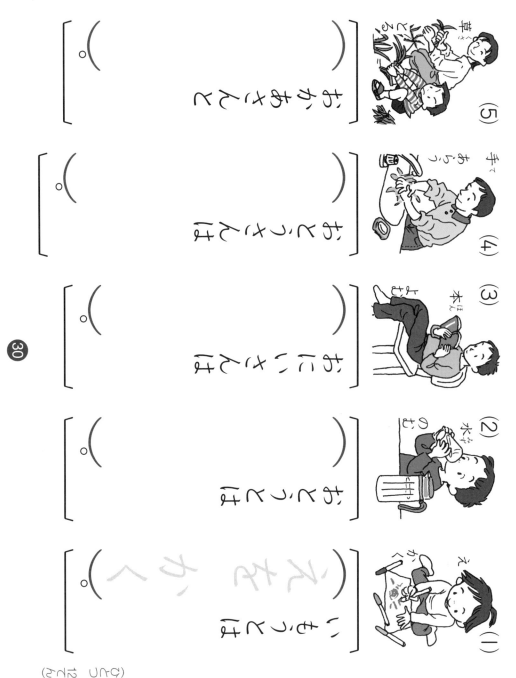

2 えに あう 文を つくりましょう。

(1つ 12てん)

(1) いもうとは 〔 （えを かく。） 〕

(2) おとうとは 〔 （　　　　　　　）。 〕

(3) おにいさんは 〔 （　　　　　　　）。 〕

(4) おとうさんは 〔 （　　　　　　　）。 〕

(5) おかあさんは 〔 （　　　　　　　）。 〕

30

1 えに あう 文を つくりましょう。

（1つ 10てん）

「　」に あたる ことばを かこう。

(1)

[ぼくは
（　にわ　）で。]

(2)

[おとうとは
（　　　　）で。]

(3)

[おねえさんと
（　　　　）で。]

(4)

[おとうとと
（　　　　）で。]

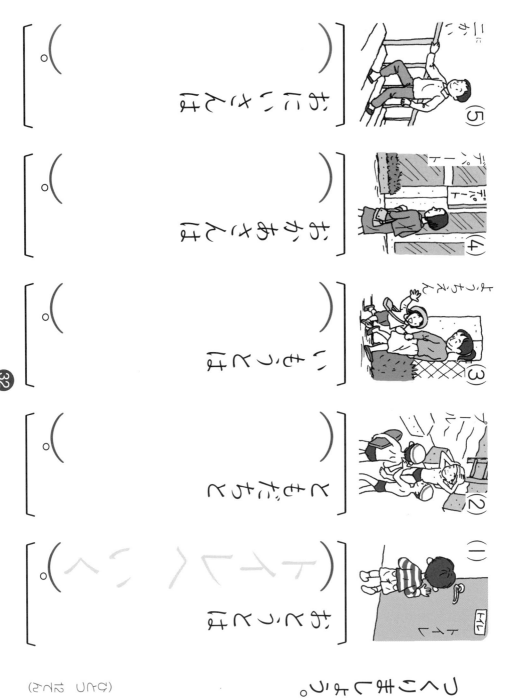

2 えを見て、「…」「、」「。」の文をつくりましょう。

(らてん 12てん)

(1) おとうとは
[(トイレへ いく) 。]

(2) ともだちと
[( ) 。]

(3) いもうとは
[( ) 。]

(4) おかあさんは
[( ) 。]

(5) おにいさんは
[( ) 。]

㉜

17 「お」と「を」

がつ　にち　てん

1 □に 「を」を かいてから、文を こえに 出して よみましょう。

（(1)は 6てん、(2)〜(6)は ひとつ 8てん）

(1) こう□えんに あつまる。

(2) お□えと あそぶ。

(3) きょう□しつに 入る。

(4) 白い よ□ふくを きる。

(5) れいだ□いに ひやす。

(6) ひ□きに のる。

> 「お・こ・そ・と・の…」などの 「お」だんに つづく おとは、たいてい、「おう」「こう」の ように 「う」を かくよ。

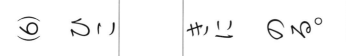

2 正しい ほうを、○で かこみましょう。 （1つ 5てん）

(1) いも{お/う}とと あそぶ。

(2) お{お/う}さまの はなし。

(3) こ{お/う}えんで あそぶ。

(4) たいよ{う/お}が てる。

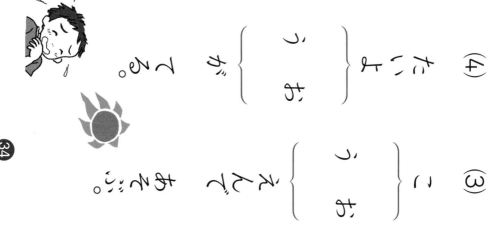

(5) きょ{う/お}しつへ いく。

(6) れいぞ{う/お}こです。

34

1 □に 「お」を かいてから、文を こえに 出して よみましょう。

（(1)は 6てん、(2)～(6)は ひとつ 8てん）

(1) ぞうは お[お]きい。

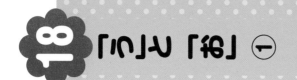

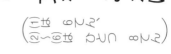
「を」ではなく、
「お」を かく
ことばを しっかり
おぼえて おこう！

(2) こえから て□い。

(3) 人(ひと)や 車(くるま)が お□い。

(4) こ□ろぎが なく。

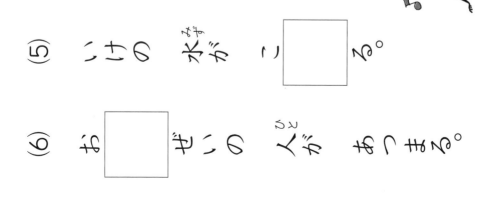

(5) いけの 水(みず)が こ□る。

(6) お□せいの 人(ひと)が あつまる。

正しい ほうを、〇で かこみましょう。
（1つ 5てん）

(1) おきゃくさが お 〈 お ／ つ 〉 い。

(2) おつ 〈 お ／ つ 〉 いえで、〈かえて〉 とよぶ。

(3) ひこ 〈 う ／ お 〉 きに のる。

(4) コップに こ 〈 う ／ お 〉 りを いれる。

(5) よいは 〈 お ／ つ 〉 と こぎます。

(6) おとう 〈 う ／ お 〉 さが ほえる。

19 ②「は」と「わ」

1 ―の かなづかいが 正しい ものに、○を つけましょう。

(一もん 5てん)

(1)
- ( ) おうさまの くらい。
- ( ) たくさんの 人が とおる。
- ( ) さかなや 水が こおり。

(2)
- ( ) とおくまで あるく。
- ( ) こおろぎを はしる。
- ( ) おおどおりに 出る。

(3)
- ( ) ぼくを とおおる。
- ( ) とおだいじの せかいを する。
- ( ) おこうこうりよおおりを たべる。

(4)
- ( ) すいどおの 水を のむ。
- ( ) おおくの 人が あつまる。
- ( ) ひいおおきが とびたつ。

2 □に、「は」か「を」を かきましょう。
（１もん ５てん）

(1) お□ ちょう□が とんだ。

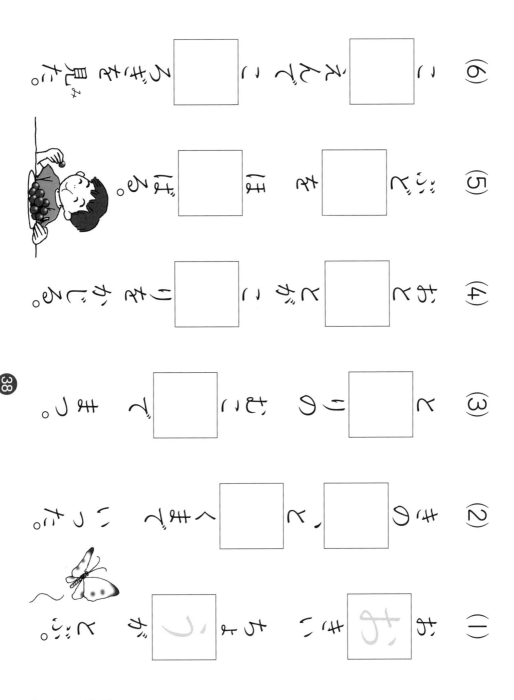

(2) き□の □と、□へ まいて いった。

(3) と□の きつね□ もりでして。

(4) おとこ と□ □に こえを かけた。

(5) ぶどう□を ほ□ほ した。

(6) こ□ そこから□ まどを 見た。

1 □に 「ず」を かいてから、文を こえに 出して よみましょう。

(⑴は 6てん、⑵〜⑹は ひとつ 8てん)

(1) しょくぶつの □ずかんを 見る。

(2) □こうの じかん。

(3) ひとつ □つ わたす。

(4) す□しい かぜが ふく。

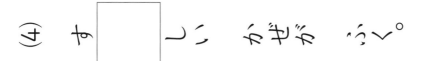

(5) つみ木が く□れる。

(6) あんない□を 見て すすむ。

39

□に「゛」を いれて、ただしい 文（ぶん）を （もじ） 出（だ）して よみましょう。

(1) みかんを はこに □ いれて おに する。

(2) せんが □ く。

(3) よん、みきが □ 見（み）える。

(4) ものの □ を べる。

(5) 水（みず）を コップに □ く。

(6) へやを かた □ ける。

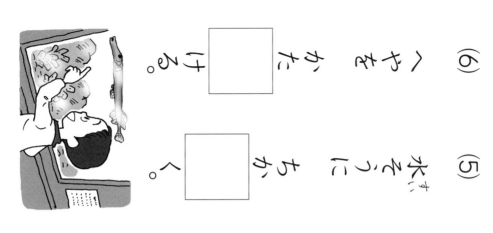

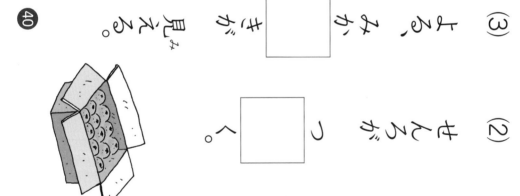

40

21 「ず」と「づ」②

1 正しい ほうを、○で かこみましょう。

(1) かいだんで つま{ ず / づ }く。

(2) こ{ ず / づ }かい を もらう。

(3) にわに す{ ず / づ }め が くる。

(4) ちいさく うな{ ず / づ }く。

(5) て{ ず / づ }くり の りょうり。

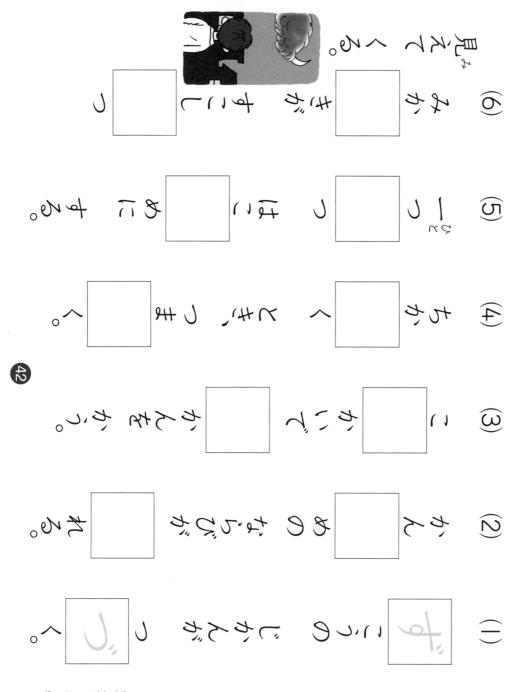

22 「じ」と「ぢ」 ①

1 □に 「じ」を かいてから、文を こえに 出して よみましょう。

(1)は 6てん、(2)～(6)は ひとつ 8てん

(1) [じ] ゆうに ぐいきますか。

(2) おとい □ かんに なる。

(3) □ めんに 手を つく。

(4) □ どうドアが ひらく。

(5) □ チンけんに かつ。

(6) だいこくの □ ゆきよう。

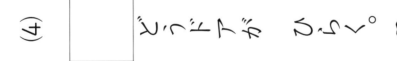

43

2 □に「ち」を かいてから、文を ていねいに 出して よみましょう。（ちゅう もんだい）

（1）ふうせんが [ち] む。

（2）まど□から でて 見る。

（3）はな を □ とめる。

（4）ふたつの かばんに ち□ます。

（5）ゆのみ□ わかんで のむ。

（6）ちか□、キャベツに いく。

「ち」は はねて かきます。

23 「ぢ」と「じ」 ②

1 正しい ほうを、○で かこみましょう。(1もん 6てん)

(1) { じ / ぢ } ぶんで かんがえる。

(2) はねを ち { じ / ぢ } める。

(3) はな { じ / ぢ } が 出る。

(4) くすの そう { じ / ぢ } を する。

(5) セーターが ち { じ / ぢ } む。

2 □ 「じ」か「ぢ」、「ず」か「づ」を かきましょう。 （ちいさく かく）

（1） 町（まち）□ の 人（ひと）が あつまる。

（2） くびを ち□める。
〔くびをすぼめてちいさくするようす。〕

（3） こんぶの ゆの み□せん。

（4） □して いとが こ□む。

（5） はな□が □めに たれる。

（6） ま□が で、見（み）たら、かんが ちがした。

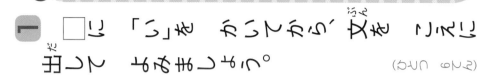

24 「し」と「え」

1 □に 「し」を かいてから、文を こえに 出して よみましょう。　(ひとつ 6てん)

(1) せんせ[し]が はなす。

(2) くちを きれ□に する。

(3) け□さんの こたえを かく。

47

2 □に 「え」を かいてから、文を こえに 出して よみましょう。　(ひとつ 6てん)

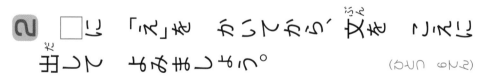

(1) チャレンジ おね[え]さん。

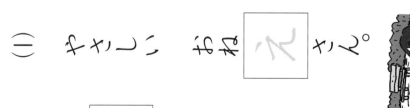

(2) ね□、 こうえんに いこうよ。

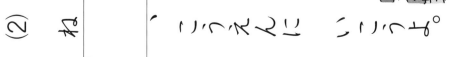

4 □に 「い」か 「え」を かきましょう。(5てん 3つ分)

(1) せんせ□に □を はなす。

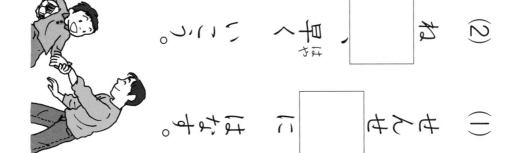

(2) ね□、早（はや）く いこう。

(3) きれ□な おね□さん。

3 正（ただ）しい ほうを 〇で かこみましょう。(5てん 3つ分)

(1) くやくしょの とけ{ え / い }を 見（み）る。

(2) おね{ え / い }さんと 出（で）かける。

(3) れ{ え / い }ぞうこで ひやす。

25 正しい かなづかい ①

1 ーの かなづかいが 正しい ほうに、○を つけましょう。 (1もん 8てん)

(1)
( ) たいよう が まぶしい。
( ) たいよお が まぶしい。

(2)
( ) むしの すかんを 見る。
( ) むしの ずかんを 見る。

(3)
( ) れいぞうこで ひやす。
( ) れえぞうこで ひやす。

(4)
( ) おうじさまと よぶ。
( ) おおじさまと よぶ。

(5)
( ) てずくりの ふくを きる。
( ) てづくりの ふくを きる。

えを ヒントに、正しい 字を 〈 〉から えらんで、□の なかに かきましょう。(ひとつ 5てん)

(1) 〈お・を〉
□いに こえを かけて あそぶ。

(2) 〈え・へ〉
せん□の はなしを きく。

(3) 〈え・ひ〉
おね□さんの ……にのる。

(4) 〈じ・ぢ〉
はな□が さくと きれい。

(5) 〈う・ふ〉
□ぐいすの なきごえ。

(6) 〈じ・ぢ〉
一日
□ゆうに あそぶ。

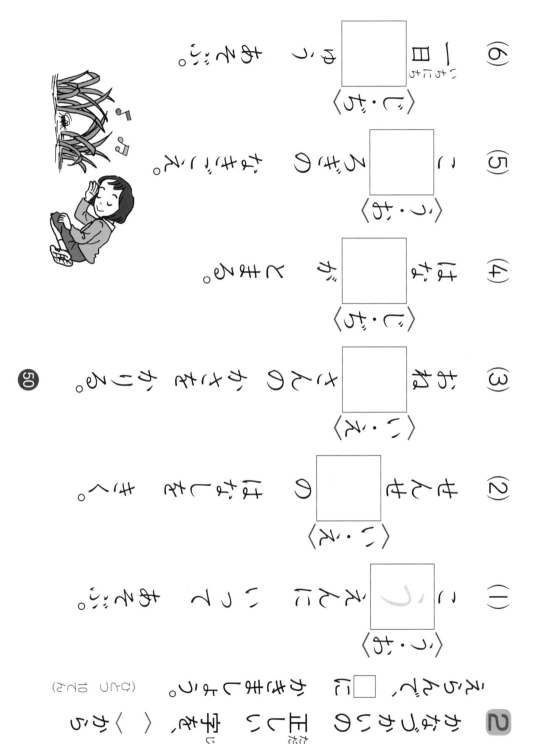

26 正しい かなづかい ②

1 ーの字は、かなづかいを まちがって います。正しい 字に かきなおしましょう。

(2てん ひとつ)

（れい）（　を　）

(1) コップに こゎりを 入れる。

（　　　）

(2) みんなで といぐを かたずける。

（　　　）

(3) かめが くびを ちゞめる。

（　　　）

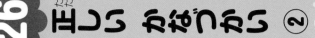

(4) かいだんで つまづく。

（　　　）

(5) おねいさんと つだを つだう。

② 右がわに まちがって いる 字を 一字、正しい 字に 書きましょう。
（つくり かんじ）

〈れい〉
おがわに いって およぎました。

(1) にわに おおきな きが ある。

(2) こうじが はじまって しごとが 止まる。

(3) おなかが すいて います。

(4) こうえんの 人が きて あそびます。

(5) とけいの はりが すすむ。

(6) きれいな みかづきが 見える。

27 正しい かなづかい ③

1 かなづかいの 正しい 字を、〈 〉から えらんで、□に かきましょう。(1つ 6てん)

(1) きれ□な　ぶど□。　〈い・え〉　〈う・お〉

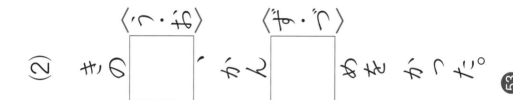

(2) きの□、かん□めを かった。　〈う・お〉　〈ず・づ〉

(3) 糸が すこし □ち□む。　〈ず・づ〉　〈じ・ぢ〉

(4) おね□さんと せ□くらべ□ する。　〈い・え〉　〈じ・ぢ〉

(5) こ□かいを お□く もらう。　〈ず・づ〉　〈う・お〉

53

2 つぎの 文を 正しく ならべかえて かきましょう。

(1つ5てん)

〈れい〉 ぼくは のきなか ながこ しまべ。
（ ぼくは の きなか ながべ しまこ。）

(1) ニンニク を 口に 食べる。

(　　　　　　　　　　　　　　)

(2) ねだんが はなの すみれ こすく。

(　　　　　　　　　　　　　　)

(3) おしょうが ひまわりのめ を うえました。

(　　　　　　　　　　　　　　)

(4) おとうさんが ちからこ いしを つむ。

(　　　　　　　　　　　　　　)

かつ　もう　てん

1 かなづかいの 正しい 字を、〈 〉から えらんで、□に かきましょう。(一つ 5てん)

(1) えきまえは 車が お〈う・お〉い。

(2) こうえん〈え・へ〉 いって あそぶ。

(3) ゆのみ〈じ・ぢ〉 やかんと 水〈お・を〉 のむ。

(4) わたし〈わ・は〉 本を かた〈ず・づ〉ける。

(5) せんせ〈い・え〉が 小さく うな〈ず・づ〉く。

55

つぎの □の字は、正しいかなづかいを まちがって います。□の正しい字に かなづかいを おぎないましょう。

(かきの じかん)

(1) 一日じゅう ともだちと あそぶ。
（　　）

(2) いもうとは じを 出す。
（　　）

(3) すいとうに おちゃを つ□で のむ。
（　　）（　　）

(4) つぎの からだは おもい。
（　　）（　　）

(5) おねえさんと 学校へ いく。
（　　）（　　）

(6) こんきに しっと かつ。
（　　）（　　）

56

1 まちがって いる 字に ―を ひいて 右がわに 正しい 字を かきましょう。

(ひとつ 6てん)

〈れい〉 きれ~~え~~い な ふくを きる。

(1) わたしわ 本の つずきを よむ。

(2) せんせえに はなしお する。

(3) おかあさんわ スーペーえ いつた。

(4) こえだから とおかって しまうよ。

(5) おうきな ゆのみじゃわんを かう。

57

2 つぎの 文を 正しく ならべかえて かきましょう。
（てん まる）

〈れい〉 わたしは かきに ほねを うめる。
（ わたしは ほねを にわに うめる。）

(1) ぼく わたしは わすれる すずめを たべる。

（　　　　　　　　　　　　）

(2) おねこに 本と 木を かたづける。

（　　　　　　　　　　　　）

(3) ひこうきを はしって 見る。

（　　　　　　　　　　　　）

(4) ともだちと いばって いく。

（　　　　　　　　　　　　）

ぶんの つくりに きを つけて ただしい ぶんに ならべかえてね！

こたえ

●もんだいの 文字や かきじゅんを おしえたり、
　こたえを あわせて あげましょう。

●こたえや 文を かく もんだいは、
　ぜんぶ かけて 一つの せいかいです。

---

1 「が」と かな「は」① ページ1・2

1 こいぬこに かきましょう。

2 (1)は　(2)は
　(3)は　(4)は
　(5)は　(6)は

---

2 「が」と かな「は」② ページ3・4

1 (1){ (○) / ( ) / ( ) }

　(2){ ( ) / ( ) / (○) }

　(3){ ( ) / (○) / ( ) }

　(4){ ( ) / ( ) / (○) }

---

3 「が」と かな「は」③ ページ5・6

1 (1){ ( ) / ( ) / (×) }　(2){ ( ) / ( ) / (×) }

　(3){ ( ) / ( ) / (×) }　(4){ ( ) / (×) / ( ) }

2 (1)わ・は　(2)わ・は
　(3)は・わ　(4)わ・は・は
　(5)は・は　(6)わ・は・は

---

4 「お」と かな「を」① ページ7・8

1 こいぬこに かきましょう。

2 (1)を　(2)を
　(3)を　(4)を
　(5)を　(6)を

7 「え」を「へ」と かく ①
ページ13・14

1 ア...に ね...か...に こ...せ...しょう。

2
(1) 〉
(2) 〉
(3) 〉
(4) 〉
(5) 〉
(6) 〉

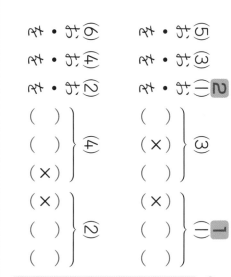

5 「お」を「を」と かく ②
ページ9・10

2
(1) を・お
(2) を・お
(3) を・お
(4) を・お
(5) を・お
(6) を・お

1
(1) ( )
(×)
( )
(2) ( )
(×)
( )
(3) (×)
( )
( )
(4) ( )
(×)
( )

6 「お」を「を」と かく ③
ページ11・12

2
(1) を・え
(2) を・え
(3) を・え
(4) を・え
(5) を・え
(6) を・え

1
(1) ( )
(×)
( )
(2) (×)
( )
( )
(3) ( )
( )
(×)
(4) (×)
( )
( )

9 「え」を「へ」と かく ③
ページ17・18

2 はし て こきし と ましょう。

1
(1) ( )
( )
(○)
(2) ( )
(○)
( )
(3) ( )
(○)
( )
(4) (○)
( )
( )

8 「え」を「へ」と かく ②
ページ15・16

2 はし て こきし と ましょう。

1
(1) ( )
(○)
( )
(2) (○)
( )
( )
(3) ( )
( )
(○)
(4) (○)
( )
( )

10 「は」「を」「へ」①
ページ 19・20

1 (1)は・へ
(2)を

2 ア・エ・カ

3 (1)は
(2)を
(3)へ
(4)は
(5)へ
(6)を

---

11 「は」「を」「へ」②
ページ 21・22

1 (1)は
(2)は
(3)を
(4)へ
(5)を

2 (1)わたしわ|は…
(2)おとうさんをお|を…
(3)…ようちえんえ|へ…
(4)…へや スタート おを|を…
(5)…がっこうえ|へ…
(6)きのうわ|は…

---

12 「は」「を」「へ」③
ページ 23・24

1 (1)は・を
(2)わ・は
(3)は・へ
(4)え・へ
(5)お・を

---

2 (右列)

(1)ぼくわ|は たたお…
(2)わたし わ|は 学校えへ|へ…
(3)ボール おを とお|を えへ|へ…
(4)男の子 ぼうし おを えへ|へ…
(5)きょう わ|は プール えへ|へ…
(6)きのう ゲーム おを|を…

---

13 「は」「を」「へ」④
ページ 25・26

1 (1)ぼくはボールをなげる。
(2)わたしは花をうえる。
(3)ぼくはひろばへいく。
(4)あの本はおもしろい。

2 (1)わたしは花をつむ。
(2)こうえんはこうえんへいく。
(3)ぼくははをみがく。
(4)かさをもって、えきへいく。

15 文ぶん ②

29・30ページ

1
(1) ボールを
(2) ひえを
(3) ねこを
(4) ともだちを

2
(1) へやを
(2) 水を
(3) 木を
(4) 手を
(5) 草を とおる

14 文ぶん ①

27・28ページ

1
(1) は ほへ
(2) は した わ
(3) は たわ
(4) は 耳 わ
(5) は 花 は

2
(1) あら ②　①へ は
(2) たう ②　①した は
(3) ながい ②　①なに は
(4) すめた ②　①に は
(5) だいこ ②　①なく は

※ 1・2 「は」は「わ」、「へ」は「え」と かくのは まちがいやすいので ちゅういしましょう。

17 「オ」と「を」「お」

33・34ページ

1
は じ まましょう。
(1) と
(2) う
(3) う
(4) う

2
は じ まましょう。
(1) う
(2) う
(3) う
(4) う
(5) う
(6) う

18 「お」と「を」 ①

35・36ページ

1
は じ まましょう。
(1) お
(2) お
(3) お
(4) お

2
(1) お
(2) お
(3) お
(4) お
(5) お
(6) お

16 文ぶん ③

31・32ページ

1
(1) に わ
(2) えき へ
(3) 学校 へ
(4) いえ へ

※ 「に」や「へ」は、ことばと ことばを つなぐ はたらきを します。

2
(1) スーパー へ いく
(2) プール へ いく
(3) えき へ いく
(4) デパート へ いく
(5) 山 へ いく

19 「わ」と「ね」② 37・38ページ

1
(1)
- (○)
- ( )
- ( )

(2)
- ( )
- (○)
- ( )

(3)
- (○)
- ( )
- ( )

(4)
- ( )
- (○)
- ( )

2
(1) わ・ね
(2) ね・わ
(3) わ・ね
(4) ね・わ
(5) ね・わ
(6) ね・わ

20 「れ」と「ね」① 39・40ページ

1 はつさいこんと むぎまじんよう。

2 はつさいこんと むぎまじんよう。

21 「れ」と「ね」② 41・42ページ

1
(1) わ
(2) ね
(3) わ
(4) わ
(5) ね

2
(1) わ・ね
(2) ね・わ
(3) ね・わ
(4) ね・わ
(5) わ・ね
(6) ね・わ

22 「ね」と「れ」① 43・44ページ

1 はつさいこんと むぎまじんよう。

2 はつさいこんと むぎまじんよう。

23 「ね」と「れ」② 45・46ページ

1
(1) れ
(2) ね
(3) ね
(4) れ
(5) ね

2
(1) れ
(2) ね
(3) れ・ね
(4) れ・ね
(5) ね・れ
(6) ね・れ

24 「あ」と「み」 47・48ページ

1 はつさいこんと むぎまじんよう。

2 はつさいこんと むぎまじんよう。

3
(1) み
(2) あ
(3) み

4
(1) み
(2) あ
(3) み・あ

25 正しい かきかた① 49・50ページ

1
(1)
- (○)
- ( )

(2)
- (○)
- ( )

(3)
- (○)
- ( )

(4)
- ( )
- (○)

(5)
- ( )
- (○)

2
(1) ね
(2) れ
(3) あ
(4) わ
(5) わ
(6) ね・あ

27 正しい かなづかい ③ ペ−ジ 53・54

1
(1) こ・う
(3) ず・ち
(5) お

(2) え・じ
(4) じ

2
(1) おにいさんが 口を おおきく あけて わらう。
(2) せんせいの はなしを きく。
(3) おかあさんの ゆびわを みせて もらう。
(4) おとうとが こおりの うえに たつ。

26 正しい かなづかい ② ペ−ジ 51・52

1
(1) ず
(2) じ
(3) ち
(4) お
(5) じ
(6) え

2
(1) …つづけ…
(2) …ちぢめ…
(3) …おうじ…
(4) …おうさま…
(5) …みかづき…

29 かなづかいの まとめ ② ペ−ジ 57・58

1
(1) たしは…
(2) せんせい…
(3) おねえさん…
(4) おうえん…
(5) わたしは…なき…

2
(1) ほへいはへんな えんぴつを めつける。
(2) おねえさんは こおりを たべる。
(3) ひこうきが まちの うえを とおる。
(4) いもうとが とおくの 山を 見て いた。

28 かなづかいの まとめ ① ペ−ジ 55・56

1
(1) は
(2) へ
(3) を
(4) お
(5) ず
(6) つ

2
(1) は・こ
(2) を・へ
(3) ち・を
(4) は・ぢ
(5) ち・を
(6) お・す